**BEM-VINDO AO
CUIDADOSAMENTE
PESQUISADO E EMBALADO**

ESCRITA INTENSIVA

&

CURSO DE PUBLICAÇÃO

DO

ASSOCIAÇÃO DE ESCRITORES CRISTÃOS DA NOVA DIMENSÃO

—

UMA DIVISÃO DA NOVA DIMENSÃO CAPELAINS INITIATIVE INC

SEDE:
LAGOS, NIGÉRIA.

ESBOÇOS DO CURSOS PARA OS ALTAMENTE PESQUISADOS
CURSO INTENSIVO DE ESCRITA E PUBLICAÇÃO

Curso 1: Noções básicas de escrita

Este curso cobrirá os fundamentos da escrita, como gramática, pontuação e estilo. Os alunos aprenderão como escrever frases e parágrafos claros, concisos e envolventes. Eles também aprenderão como estruturar sua escrita de maneira lógica.

Curso 2: Desenvolvimento de personagem

Este curso se
concentrará na
criação de
personagens críveis e
memoráveis. Os
alunos aprenderão
como desenvolver
histórias, motivações
e personalidades de
seus personagens.
Eles também
aprenderão como
escrever diálogos

naturais e
verossímeis.

Curso 3: Enredo e Estrutura

Este curso ensinará
os alunos a criar um
enredo atraente e
estruturar sua
história de uma
forma que mantenha
os leitores
envolvidos. Os alunos

aprenderão como criar conflito, suspense e resolução. Eles também aprenderão como usar prenúncios e outros recursos literários para criar uma sensação de mistério e intriga.

Curso 4: Construção do mundo

Este curso ensinará os alunos a criar um mundo crível e envolvente para suas histórias. Os alunos aprenderão como criar mapas, culturas e religiões para seus mundos. Eles também aprenderão como usar a linguagem para criar uma sensação de lugar e atmosfera.

Curso 5: Autoedição

Este curso ensinará os alunos a editar sua própria redação para obter clareza, gramática e estilo. Os alunos aprenderão como identificar e corrigir erros em sua escrita. Eles também aprenderão como melhorar sua escrita usando verbos mais fortes, imagens mais vívidas e uma linguagem mais concisa.

Curso 6: Marketing e promoção

Este curso ensinará os alunos como comercializar e promover seus livros. Os alunos aprenderão como criar um site, construir um público e vender seus livros. Eles também aprenderão como usar as mídias sociais para promover seus livros.

Estes são apenas alguns exemplos de esboços de cursos para autores iniciantes. Os cursos específicos que você oferece dependerão de seus próprios interesses e conhecimentos. No entanto, esses cursos darão a você uma boa base nos conceitos básicos de redação e marketing.

Além desses cursos, espera-se que os alunos participem de uma série de workshops ou programas de orientação para autores de best-sellers. Esta é uma ótima maneira de fornecer orientação e

suporte individual
para aspirantes a
escritores.

Eu espero que isso
ajude!

CURSO 1

O BÁSICO

1.1. O QUE É UM LIVRO?

1.2. TIPOS DE LIVROS

1.2.1. NÃO-FICÇÃO LIVROS BIOGRAFIAS

ANTOLOGIAS, ETC.
LIVROS DE BAIXO CONTEÚDO
- APOSTILAS
- MANUAIS
- DIÁRIOS
- DIÁRIOS E DIÁRIOS.
- ADAPTAÇÕES

- SÉRIE RESUMIDA, ETC

BIOGRAFIA S

Há muitas vantagens em publicar biografias. Aqui estão alguns deles:

Documentando a história: As

biografias podem documentar a vida de pessoas e eventos importantes, preservando suas histórias para as gerações futuras. Isto pode ser especialmente valioso para pessoas que fizeram contribuições significativas para a sociedade ou que viveram eventos históricos importantes. Inspirando outras pessoas: As biografias podem inspirar outras pessoas, mostrando-lhes como pessoas comuns podem realizar coisas extraordinárias. Eles também podem fornecer insights sobre os desafios e triunfos da vida, o que pode ser útil para pessoas que enfrentam seus próprios desafios. Educando leitores: as biografias podem educar os leitores sobre diferentes culturas, períodos de tempo e modos de vida. Eles também podem fornecer insights sobre a condição humana, o que pode ajudar os leitores a compreender melhor a si mesmos e aos outros.

Leitores divertidos: as biografias podem ser divertidas e

também educativas. Eles podem contar histórias fascinantes e informativas. Isso os torna uma ótima maneira de aprender sobre o mundo e, ao mesmo tempo,

desfrutar de uma
boa leitura.
Promover a
mudança social:
As biografias
podem promover
a mudança social,
destacando as
histórias de
pessoas que
lutaram pela
justiça e pela

igualdade. Eles também podem aumentar a conscientização sobre questões importantes e inspirar outras pessoas a agirem.

No geral, as biografias oferecem uma

série de vantagens. Eles podem documentar a história, inspirar outras pessoas, educar os leitores, entreter os leitores e promover mudanças sociais. Se você estiver interessado em escrever uma biografia, encorajo-o a fazê-lo. Pode ser uma experiência gratificante que beneficiará você e seus leitores.

1.2. O QUE É ESCREVER LIVRO?

1.3. QUAIS SÃO AS PARTES MAIS IMPORTANTES DE UM LIVRO?

As partes mais importantes de um livro são aquelas que mantêm o leitor engajado e

interessado. Isso
pode variar
dependendo do
gênero do livro,
mas alguns
elementos comuns
que são
importantes na
maioria dos livros
incluem:

O enredo: O enredo é a espinha dorsal de qualquer livro. É a história que o livro conta e é o que faz o leitor virar as páginas. O enredo deve ser bem ritmado, com reviravoltas suficientes para manter o leitor na dúvida.

Os personagens:

Os personagens são as pessoas que habitam o mundo do livro. São eles com quem o leitor se conectará, por isso é importante torná-los bem desenvolvidos e

relacionáveis. Os personagens devem ter objetivos e motivações claras e enfrentar desafios que o leitor possa torcer para que eles superem.
O cenário: O cenário é o mundo

em que o livro se passa. Pode ser um lugar real ou fictício, mas deve ser bem descrito para que o leitor possa imaginá-lo. O cenário também deve ser relevante para o enredo e os personagens, e deve ajudar a criar uma sensação de atmosfera.

O estilo de escrita:

O estilo de escrita é a maneira como o livro é escrito. É a voz do autor e é o que tornará o livro único. O estilo de escrita deve ser claro, conciso e

envolvente.
Também deve ser apropriado para o gênero do livro. Os temas: Os temas são as mensagens subjacentes do livro. Eles são o que o livro está tentando dizer sobre o mundo. Os

temas devem ser claros e bem desenvolvidos, e devem ser relevantes para a trama e os personagens.

Estas são apenas algumas das partes mais importantes de

um livro. Os elementos específicos mais importantes variam dependendo do gênero do livro, mas esses são alguns dos elementos essenciais para qualquer bom livro.

1.4. QUAIS SÃO AS CARACTERÍSTICAS DA BOA COMUNICAÇÃO?

Uma boa comunicação é essencial para o sucesso em todas

as áreas da vida.
Permite-nos
conectar-nos com
outras pessoas,
partilhar as nossas
ideias e construir
relacionamentos.
Existem muitas
características de
uma boa
comunicação, mas
algumas das mais

importantes incluem:

Clareza: Uma boa comunicação é clara e fácil de entender. O remetente deve ser capaz de expressar suas ideias de uma forma que o destinatário possa compreender facilmente.

Coerência: Uma boa comunicação é coerente e lógica. As ideias do remetente devem fluir suavemente e fazer sentido.

Concisão: Uma boa comunicação é concisa e direta. O remetente deve evitar palavras ou detalhes desnecessários.

Relevância: Uma boa comunicação é relevante para o tema em questão. O remetente deve evitar sair pela tangente ou introduzir informações irrelevantes.

Precisão: Uma boa comunicação é precisa e verdadeira. O remetente deve evitar fazer declarações falsas ou enganosas.

Empatia: Uma boa comunicação é empática e leva em consideração os sentimentos do receptor. O remetente deve estar ciente de como suas palavras podem

ser percebidas
pelo destinatário e
ajustar sua
comunicação de
acordo.

Respeito: Uma
boa comunicação
é respeitosa e leva
em consideração a
perspectiva do
receptor. O
remetente deve

evitar ser condescendente ou paternalista.

Abertura: Uma boa comunicação é aberta e honesta. O remetente deve estar disposto a compartilhar seus pensamentos e sentimentos com o destinatário, mesmo que seja difícil falar sobre eles.

Além dessas características, a boa comunicação também é caracterizada pela escuta ativa, pela atenção à linguagem corporal e pela consciência do contexto da comunicação. Seguindo esses princípios, você pode melhorar suas habilidades de comunicação e construir relacionamentos mais fortes com outras pessoas.

1.5. COMO PROTEGER OS DIREITOS AUTORAIS DE UM AUTOR?

Os direitos autorais
são um direito legal
que protege obras
originais de autoria,
incluindo obras
literárias, dramáticas,
musicais e artísticas,
como poesia,
romances, filmes,
canções, software de
computador e
arquitetura. Os
direitos autorais
protegem a expressão

de uma ideia, não a
ideia em si.

Nos Estados Unidos,
a proteção de direitos
autorais é
automática. Depois
de criar uma obra de
autoria, você possui
os direitos autorais
dela. Não há
necessidade de
registrar seus direitos
autorais no US
Copyright Office, mas
isso pode trazer

alguns benefícios adicionais.

Aqui estão algumas maneiras pelas quais um escritor pode proteger seus direitos autorais:

Marque seu trabalho com o símbolo de copyright (©). Isso não é obrigatório, mas é uma boa maneira de informar outras pessoas que seu trabalho está protegido por direitos autorais.

Inclua um aviso de direitos autorais. Isto deve incluir o símbolo de copyright, o ano da primeira publicação e o seu nome.

Mantenha uma cópia do seu trabalho. Isso o ajudará a provar que você é o autor original do trabalho.

Registre seus direitos autorais no US Copyright Office. Isso não é obrigatório, mas pode oferecer alguns benefícios adicionais, como a capacidade de processar por violação de direitos autorais.

Se você acredita que seus direitos autorais foram violados, você pode entrar com uma ação judicial por violação de direitos autorais. Você também pode enviar uma carta de cessação e desistência ao infrator, exigindo que ele pare de usar seu trabalho.

Aqui estão algumas dicas adicionais para proteger seus direitos autorais:

Mantenha seu trabalho seguro. Guarde seu trabalho em local seguro e certifique-se de que apenas pessoas autorizadas tenham acesso a ele.

Tenha cuidado ao compartilhar seu trabalho. Antes de compartilhar seu trabalho com alguém, certifique-se de compreender os termos do acordo de compartilhamento.

Use marcas d'água e outras técnicas para proteger seu trabalho online. Isso pode tornar mais difícil para as pessoas copiarem seu trabalho sem sua permissão.

Seguindo essas dicas, você pode ajudar a proteger seus direitos autorais e garantir que seu trabalho esteja protegido.

1.6. QUAIS SÃO AS CARACTERÍSTICAS DO PLÁGIO

Plágio é o ato de usar o trabalho ou as ideias de outra pessoa sem dar-lhe crédito. É uma ofensa acadêmica grave que pode ter consequências graves.

As consequências do plágio podem variar dependendo da gravidade da infração e da instituição onde ocorre. No entanto, algumas consequências comuns incluem:

Reprovado na tarefa ou curso.

Receber uma nota baixa na tarefa ou curso.

Sendo colocado em liberdade condicional acadêmica.

Ser expulso da escola.

Perder um emprego ou bolsa de estudos.

Sendo processado por violação de direitos autorais.

Além das consequências académicas, o plágio também pode ter

consequências profissionais e pessoais. Por exemplo, um plagiador pode estar na lista negra de editores ou empregadores. Eles também podem perder a confiança de seus colegas e amigos.

Há uma série de coisas que os escritores podem fazer para evitar o plágio. Esses incluem:

Citando suas fontes corretamente.

Usar aspas ao citar palavras de outra pessoa.

Parafraseando as ideias de outra pessoa com suas próprias palavras.

Evitar usar o trabalho de outra pessoa sem dar-lhe crédito.

Se você não tiver certeza se algo é plágio ou não, é sempre melhor agir com cautela e citar suas fontes. Seguindo essas dicas, você pode ajudar a evitar o plágio e proteger sua reputação acadêmica e profissional.

Aqui estão algumas dicas adicionais para evitar o plágio:

Tenha cuidado ao usar fontes online. Nem todas as fontes online são confiáveis e algumas podem conter conteúdo plagiado.

Use um verificador de plágio. Existem

vários verificadores de plágio disponíveis online que podem ajudá-lo a identificar plágio em seu trabalho.

Obtenha ajuda de um bibliotecário ou tutor de redação. Bibliotecários e tutores de redação podem ajudá-lo a

compreender o plágio
e a evitá-lo em seu
trabalho.

Seguindo essas dicas,
você pode ajudar a
garantir que seu
trabalho seja original
e evitar o plágio.

CURSO 2

DESENVOLVIMENTO DE LIVROS

VANTAGENS DE ESCREVER SOZINHO

VANTAGENS DE USAR FREELANCERS

VANTAGENS DE USAR INTELIGÊNCIA ARTIFICIAL

Velocidade: a IA pode escrever um livro muito mais rápido do que um escritor humano. Isso pode ser uma grande vantagem caso você esteja com um prazo apertado ou precise produzir um grande volume de conteúdo.

Precisão: a IA pode ser muito precisa em sua escrita. Isso ocorre porque ele é treinado em grandes conjuntos de dados de texto e código, o que lhe permite aprender os padrões

da linguagem
humana.

Originalidade: a IA
pode gerar conteúdo
original que não é
plagiado. Isso ocorre
porque não está
limitado pelas
mesmas restrições
dos escritores
humanos.

Criatividade: a IA pode ser criativa em sua escrita. Isso ocorre porque pode gerar novas ideias e conceitos que os escritores humanos podem não ter considerado.

Desvantagens:

Falta de toque humano: Às vezes, o texto gerado por IA pode carecer do toque humano que torna a escrita envolvente e interessante. Isso ocorre porque a IA não é capaz de compreender as nuances da linguagem e da cultura humanas da mesma forma que um escritor humano consegue.

Viés: a IA pode ser tendenciosa em sua redação. Isso ocorre porque ele é treinado em conjuntos de dados que podem conter vieses. Por exemplo, se uma IA for treinada num conjunto de dados de texto escrito maioritariamente por homens, poderá ser mais provável que gere texto tendencioso em relação aos homens.

a produção de texto gerado por IA pode ser cara . Isso ocorre porque requer o uso de computadores potentes e software especializado.

Em última análise, a decisão de pedir ou não a uma IA para escrever um livro para você é pessoal.

Há vantagens e desvantagens a serem consideradas, e a melhor opção para você dependerá de suas necessidades e objetivos específicos.

Aqui estão algumas coisas adicionais a serem consideradas ao decidir se deve ou não pedir a uma IA que escreva um livro para você:

O tipo de livro que você deseja escrever: alguns tipos de livros são mais adequados para textos gerados por IA do que outros. Por exemplo, o texto gerado por IA pode ser uma boa opção para livros de não ficção ou para livros que exigem muita pesquisa. No entanto, o texto gerado por IA pode não ser adequado para livros de ficção ou para livros que exigem muita criatividade.

Seu orçamento: a produção de texto gerado por IA pode

ser cara. Se você estiver com um orçamento apertado, considere outras opções, como contratar um escritor humano ou publicar seu livro por conta própria.

Suas preferências pessoais: algumas pessoas preferem o

toque humano de um escritor humano, enquanto outras se sentem mais confortáveis com textos gerados por IA. Em última análise, a decisão de pedir ou não a uma IA para escrever um livro para você é pessoal.

Velocidade: a IA pode escrever um livro muito mais rápido do que um escritor humano. Isso pode ser uma grande vantagem caso você esteja com um prazo apertado ou precise produzir um grande volume de conteúdo.

Precisão: a IA pode
ser muito precisa em
sua escrita. Isso
ocorre porque ele é
treinado em grandes
conjuntos de dados
de texto e código, o
que lhe permite
aprender os padrões
da linguagem
humana.

Originalidade: a IA pode gerar conteúdo original que não é plagiado. Isso ocorre porque não está limitado pelas mesmas restrições dos escritores humanos.

Criatividade: a IA pode ser criativa em sua escrita. Isso

ocorre porque pode gerar novas ideias e conceitos que os escritores humanos podem não ter considerado.

Desvantagens:

Falta de toque humano: Às vezes, o

texto gerado por IA pode carecer do toque humano que torna a escrita envolvente e interessante. Isso ocorre porque a IA não é capaz de compreender as nuances da linguagem e da cultura humanas da mesma forma que um escritor humano consegue.

Viés: a IA pode ser tendenciosa em sua redação. Isso ocorre porque ele é treinado em conjuntos de dados que podem conter vieses. Por exemplo, se uma IA for treinada num conjunto de dados de texto escrito maioritariamente por homens, poderá ser mais provável que gere texto tendencioso em relação aos homens.

a produção de texto gerado por IA pode ser cara . Isso ocorre porque requer o uso de computadores potentes e software especializado.

Em última análise, a decisão de pedir ou não a uma IA para escrever um livro para você é pessoal. Há vantagens e desvantagens a serem consideradas, e a melhor opção para você dependerá de suas necessidades e objetivos específicos.

Aqui estão algumas coisas adicionais a serem consideradas ao decidir se deve ou não pedir a uma IA que escreva um livro para você:

O tipo de livro que você deseja escrever: alguns tipos de livros são mais adequados para textos gerados por IA do que outros. Por exemplo, o texto gerado pela IA pode ser uma boa opção para livros de não ficção ou para livros que exigem muita pesquisa. No entanto, o texto gerado por IA pode não ser adequado para livros de ficção ou para livros que exigem muita criatividade.

Seu orçamento: a produção de texto gerado por IA pode ser cara. Se você estiver com um orçamento apertado, considere outras opções, como contratar um escritor humano ou publicar seu livro por conta própria.

Suas preferências pessoais: algumas pessoas preferem o toque humano de um escritor humano, enquanto outras se sentem mais confortáveis com textos gerados por IA. Em última análise, a decisão de pedir ou não a uma IA para escrever um livro para você é pessoal.

O QUE FAZER DEPOIS DE USAR INTELIGÊNCIA ARTIFICIAL?

Há muitas informações que um autor pode dar do ponto de vista humano depois que a inteligência artificial escreveu um livro para ele.

Aqui estão algumas das contribuições que um autor pode dar:

Forneça feedback sobre o conteúdo: O autor pode fornecer feedback sobre o conteúdo do livro, incluindo enredo, personagens e diálogos.

Adicione seus próprios insights: o autor pode adicionar seus próprios insights e experiências ao livro, o que pode ajudar a torná-lo mais envolvente e compreensível para os leitores.

Personalize o livro: o autor pode personalizar o livro adicionando sua própria voz e perspectiva. Isso pode ser feito adicionando anedotas pessoais, referências à sua própria vida ou escrevendo em um estilo que seja consistente com seu próprio estilo de escrita.

Editar e revisar o livro: O autor pode editar e revisar o livro para garantir que esteja bem escrito e livre de erros.

Divulgue e promova o livro: o autor pode comercializar e promover o livro para ajudá-lo a atingir um público mais amplo.

No geral, há muitas maneiras pelas quais um autor pode adicionar seu toque humano a um livro escrito por inteligência artificial. Ao fornecer feedback, adicionar seus próprios insights, personalizar o livro, editar e revisar, e comercializar e promover o livro, o autor pode ajudar a criar um livro que seja ao mesmo tempo envolvente e informativo.

Aqui estão algumas dicas adicionais para autores que trabalham com inteligência artificial para escrever um livro:

Seja claro sobre seus objetivos e expectativas: Antes de começar a trabalhar com inteligência artificial, é importante ter claro quais são seus objetivos e expectativas em relação ao livro. Que tipo de livro você quer escrever? Qual é o seu público-alvo e objetivos do livro? Depois de saber o que deseja alcançar, você pode começar a trabalhar com inteligência artificial para criar um livro que atenda às suas necessidades.

Esteja aberto ao feedback: A inteligência artificial pode ser uma ótima ferramenta para gerar ideias e conteúdo, mas é importante estar aberto ao feedback de escritores humanos. Os escritores humanos podem ajudar a identificar áreas onde o texto

gerado pela IA
precisa de melhorias
e também podem
ajudar a tornar o livro
mais envolvente e
compreensível para
os leitores.

Seja paciente: escrever um livro é um processo longo e desafiador, mesmo com a ajuda da inteligência artificial. É importante ser paciente e reservar tempo para trabalhar no livro. Com tempo e esforço, você pode criar um livro envolvente e informativo.

CURSO 3
MELHOR MANEIRA DE ESCREVER UM LIVRO?

Não existe uma resposta única para essa pergunta, pois a melhor maneira de escrever um livro varia de acordo com o processo de escrita e as preferências individuais do autor. No entanto, existem algumas dicas gerais que podem ajudar os autores a escrever um livro com eficácia.

Aqui estão algumas
das melhores
maneiras de escrever
um livro:

Escolha um tópico pelo qual você seja apaixonado. Escrever um livro dá muito trabalho, por isso é importante escolher um tema pelo qual você seja apaixonado. Isso tornará o processo de escrita mais agradável e será mais provável que você persista nele até o fim.

Faça sua pesquisa.
Depois de escolher
um tema, é
importante fazer sua
pesquisa. Isso o
ajudará a reunir
informações e ideias
para o seu livro. Você
pode fazer pesquisas
lendo livros, artigos e
sites, ou
entrevistando
pessoas que tenham

conhecimento sobre o assunto.

Faça um esboço do
seu livro. Um esboço
pode ajudá-lo a
organizar seus
pensamentos e ideias
antes de começar a
escrever. Também
pode ajudá-lo a
manter o controle
enquanto escreve seu
livro. Há muitas
maneiras diferentes
de esboçar um livro,
então encontre um

método que funcione
para você.

Comece a escrever! Depois de fazer sua pesquisa e delinear seu livro, é hora de começar a escrever. A melhor maneira de começar é simplesmente sentar e começar a escrever. **Não se preocupe** em torná-lo perfeito no início, apenas coloque seus pensamentos no

papel. Você sempre
pode voltar e editar
mais tarde.

Estabeleça metas realistas. Escrever um livro pode ser uma tarefa difícil, por isso é importante definir metas realistas para você mesmo . Não tente escrever o livro inteiro de uma só vez. Em vez disso, estabeleça pequenas metas para você, como escrever 500 palavras por dia.

Faça pausas. Escrever pode dar muito trabalho, por isso é importante fazer pausas. Levante-se e mova-se ou reserve alguns minutos para relaxar e clarear a cabeça. Isso o ajudará a manter o foco e a produtividade.

Obter feedback.
Depois de escrever
um rascunho de seu
livro, é útil obter
feedback de outras
pessoas. Isso pode
ajudá-lo a identificar
quaisquer áreas que
precisam de
melhorias. Você pode
obter feedback de
amigos, familiares ou
leitores beta.

Edite e revise. Depois de obter feedback sobre seu livro, é hora de editá-lo e revisá-lo. É aqui que você aprimorará sua escrita e garantirá que seu livro seja o melhor possível.

Publique seu livro. Quando estiver satisfeito com seu livro, é hora de publicá-lo. Existem muitas maneiras diferentes de publicar um livro, então encontre um método que funcione para você.

Seguir essas dicas pode ajudá-lo a escrever um livro que seja informativo e agradável de ler.

Aqui estão algumas dicas adicionais que podem ser úteis:

Encontre uma comunidade de escritores. Existem muitas comunidades de redação online e offline que podem fornecer apoio e incentivo. Participar de uma comunidade de escritores pode ajudá-lo a se manter motivado e a aprender com outros escritores.

Não desista. Escrever um livro dá muito trabalho, mas também é muito gratificante. Não desista do seu sonho de escrever um livro. Continue escrevendo e, eventualmente, você alcançará seu objetivo.

COMO LIDAR COM O BLOCO DO ESCRITOR?

O bloqueio de escritor é um problema comum que pode afetar qualquer pessoa que escreve. Pode ser frustrante e desanimador, mas existem maneiras de evitá-lo e lidar com isso.

Aqui estão algumas dicas sobre como

evitar o bloqueio de escritor:

Reserve um tempo para escrever regularmente. Mesmo que não tenha vontade de escrever, tente reservar algum tempo todos os dias para escrever. Isso o ajudará a manter o hábito de escrever e diminuirá a probabilidade de ser bloqueado.

Escrita grátis. A escrita livre é uma ótima maneira de fazer seus pensamentos fluírem e evitar ficar preso a uma ideia específica. Basta começar a escrever o que vier à mente, sem se preocupar com

gramática ou ortografia.
Chuva de ideias. O brainstorming é outra ótima maneira de fazer fluir sua criatividade. Anote todas as ideias que lhe vierem à mente, por mais malucas que pareçam. Você sempre pode voltar e editá-los mais tarde.

Ler. Ler pode ajudá-lo a se inspirar e aprender novas técnicas de escrita. Leia livros, artigos e postagens de blog relacionados ao seu tópico de escrita. Faça pausas. Se você ficar preso, faça uma pausa na escrita. Dê um passeio, ouça música ou faça outra coisa que você goste.

Às vezes, a melhor maneira de desbloquear é simplesmente dar um passo para trás.

Aqui estão algumas dicas sobre como lidar com o bloqueio de escritor:

Não entrar em pânico. O bloqueio de escritor é um

problema comum e não significa que você seja um péssimo escritor. Apenas relaxe e respire fundo.

Mude seu ambiente. Se você estiver se sentindo preso, tente mudar seu ambiente. Vá para um lugar diferente para escrever ou tente escrever em um horário diferente do dia.

Escreva sobre outra coisa. Se você está realmente preso a uma ideia específica, tente escrever sobre outra coisa. Às vezes, escrever sobre outra coisa pode ajudá-lo a fazer sua criatividade fluir novamente.

Fale com alguém. Se você estiver

realmente lutando, converse com alguém sobre isso. Um amigo, membro da família ou treinador de redação pode oferecer apoio e conselho.

Lembre-se de que o bloqueio de escritor é temporário. Continue escrevendo e, eventualmente, você será desbloqueado.

COMO ESCREVER UM FILMESCRIPT?

Existem muitas etapas envolvidas na escrita de um roteiro de filme, mas aqui estão algumas dicas básicas:

Comece com um conceito forte. Qual é a ideia básica do seu filme? Qual é a história que você quer contar? Depois de ter um conceito forte, você pode começar a desenvolver os personagens, o enredo e o cenário. Crie personagens bem desenvolvidos.

Seus personagens são
o coração do seu
filme, por isso é
importante criar
personagens que
sejam verossímeis e
relacionáveis. Dê-lhes
histórias de fundo,
motivações e
personalidades que
os façam ganhar vida
na página.
Crie um enredo
atraente. O enredo é

a espinha dorsal do seu filme, por isso é importante criar um enredo que seja emocionante e envolvente. O enredo deve ter começo, meio e fim claros e deve incluir conflito, suspense e resolução. Escreva um diálogo confiável. O diálogo é um dos aspectos mais importantes de qualquer roteiro de filme, por isso é importante escrever um diálogo que seja natural e verossímil. O diálogo deve ajudar a avançar a trama e revelar as motivações dos personagens. Formate seu script corretamente. Existem diretrizes específicas de formatação que você

precisa seguir ao escrever um roteiro de filme. Essas diretrizes variam dependendo do formato que você está usando, mas é importante segui-las cuidadosamente para que seu script seja fácil de ler e entender.
Obtenha feedback de outras pessoas.

Depois de ter um rascunho do seu roteiro, é importante obter feedback de outras pessoas. Isso o ajudará a identificar quaisquer áreas que precisam de melhorias.

Revise e edite seu script. Depois de receber o feedback, você precisará revisar e editar seu script.

Esta é uma etapa importante, pois o ajudará a melhorar a qualidade geral do seu roteiro.

Aqui estão algumas dicas adicionais para escrever um roteiro de filme:

Leia outros roteiros de filmes. Uma das melhores maneiras

de aprender a escrever um roteiro de filme é lendo outros roteiros de filmes. Isso lhe dará uma boa compreensão do formato e da estrutura de um roteiro de filme. Assistir filmes. Outra ótima maneira de aprender a escrever um roteiro de filme é

assistir a filmes.
Preste atenção na
forma como a
história é contada, os
personagens são
desenvolvidos e o
diálogo é escrito.
Faça um curso de
roteiro. Se você
realmente quer
escrever um roteiro
de filme, talvez
queira fazer um curso
de roteiro. Isso lhe

dará a oportunidade de aprender com roteiristas experientes e obter feedback sobre seu trabalho.

Escrever um roteiro de filme pode dar muito trabalho, mas também pode ser muito divertido. Se você estiver disposto a se esforçar, poderá criar um roteiro de filme que será um sucesso.

Curso 3:

CURSO 4

CONSTRUÇÃO MUNDIAL

PRESTE ATENÇÃO AO SEGUINTE:

1. PÚBLICO-ALVO
2. NICHO
3. GÊNERO
4. PALAVRAS-CHAVE

5. CATEGORIAS

6. CONTEXTO

7. TRAMA

8. ESTRUTURA

9. CAPÍTULO

10. PARÁGRAFO

11. AVALIAÇÕES.

12. REGRAS DE GRAMÁTICA

13. FRASES DO TÓPICO.

14. ETC.

CURSO 5

AUTO EDIÇÃO

5.1. EDITAR APLICATIVOS

Existem muitos aplicativos de edição disponíveis, mas aqui estão alguns dos mais populares e conceituados:

Adobe Premiere Pro: Este é um aplicativo de edição de vídeo de nível profissional usado por muitos estúdios de Hollywood. É um aplicativo poderoso que oferece uma ampla gama de recursos, mas pode ser bastante complexo de aprender.

Final Cut Pro X: Este é um aplicativo de edição de vídeo popular para usuários de Mac. É conhecido por sua interface intuitiva e recursos poderosos.

DaVinci Resolve: Este é um aplicativo de edição de vídeo gratuito e de código aberto que está se tornando cada vez mais popular. Ele oferece uma ampla gama de recursos e é constantemente atualizado com novos recursos.

Lightworks : Este é um aplicativo de edição de vídeo de nível profissional conhecido por sua estabilidade e facilidade de uso. É uma boa opção para usuários que procuram um aplicativo poderoso e fácil de aprender.

HitFilm Express: Este é um aplicativo gratuito de edição de vídeo que oferece uma ampla gama de recursos. É uma boa opção para usuários que procuram um aplicativo poderoso sem um preço alto.

Estes são apenas alguns dos muitos

aplicativos de edição disponíveis. O melhor aplicativo para você dependerá de suas necessidades e preferências específicas.

Se você é iniciante, recomendo começar com um aplicativo mais simples como

Lightworks ou
HitFilm Express.
Depois de aprender o
básico, você pode
passar para um
aplicativo mais
complexo, como
Adobe Premiere Pro
ou Final Cut Pro X.

Aqui estão alguns
fatores adicionais a
serem considerados

ao escolher um aplicativo de edição:

Seu orçamento: alguns aplicativos de edição são gratuitos, enquanto outros podem ser bastante caros.

Seu sistema operacional: alguns aplicativos de edição estão disponíveis

apenas para
Windows, enquanto
outros estão
disponíveis apenas
para Mac.

Seu nível de
experiência: Se você é
iniciante, precisará
de um aplicativo fácil
de aprender. Se você
tiver mais
experiência, talvez

queira um aplicativo com mais recursos.

O tipo de projeto em que você deseja trabalhar: alguns aplicativos de edição são mais adequados para determinados tipos de projetos do que outros. Por exemplo, se quiser editar vídeos, você precisará de um aplicativo desenvolvido para edição de vídeos.

CURSO 6

PUBLICAÇÃO

PUBLICAÇÃO TRADICIONAL

PUBLICAÇÃO INDIE

PUBLICAÇÃO AMPLA

IMPRIMIR SOB DEMANDA

PALAVRAS-CHAVE E CATEGORIAS NA PUBLICAÇÃO

Palavras-chave e categorias são importantes na publicação porque ajudam os leitores a encontrar o seu trabalho. Quando alguém pesquisa uma palavra-chave ou categoria, seu trabalho aparecerá nos resultados da pesquisa se contiver essas palavras-chave ou categorias. Isso significa que você terá mais chances de ser encontrado por leitores em potencial.

Aqui estão algumas das importâncias das palavras-chave e categorias na publicação:

Ajude os leitores a encontrar seu

trabalho: quando alguém pesquisa uma palavra-chave ou categoria, seu trabalho aparecerá nos resultados da pesquisa se contiver essas palavras-chave ou categorias. Isso significa que você terá mais chances de ser encontrado por leitores em potencial.

Melhore sua descoberta: palavras-chave e categorias podem ajudar a melhorar sua descoberta em mecanismos de pesquisa e outras plataformas. Isso significa que é mais provável que seu trabalho seja visto por pessoas interessadas nos tópicos sobre os quais você escreve. Aumente o seu número de leitores: ao usar as palavras-chave e categorias certas, você pode aumentar o seu número de leitores e alcançar um público mais amplo. Isso pode levar a mais vendas, downloads e outros benefícios.

Ajudar você a atingir seu público: palavras-chave e categorias podem ajudá-lo a atingir seu público. Isso significa que você pode concentrar seus esforços de marketing nas pessoas com maior probabilidade de se interessar por seu trabalho.

Aqui estão algumas dicas para escolher as palavras-chave e categorias certas para o seu trabalho:

Pense no seu público: para quem você está escrevendo? Quais são os seus interesses? Quais palavras-chave eles provavelmente

usarão ao pesquisar informações?
Faça sua pesquisa: use uma ferramenta de pesquisa de palavras-chave para encontrar as palavras-chave mais populares para o seu tópico.
Use uma variedade de palavras-chave: não use apenas uma ou duas palavras-

chave. Use uma variedade de palavras-chave para aumentar suas chances de ser encontrado.

Use categorias relevantes: escolha categorias que sejam relevantes para o seu tópico. Isso ajudará a melhorar sua descoberta.

Atualize suas palavras-chave e categorias regularmente: À medida que seu trabalho evolui, suas palavras-chave e categorias também evoluem. Certifique-se de atualizá-los regularmente para manter seu trabalho atualizado.

Seguindo essas dicas, você pode escolher as palavras-chave e categorias certas para o seu trabalho e aumentar suas chances de ser encontrado por potenciais leitores.

COMO ADAPTAR UM CURSO OU

RESERVAR EM UM FILME

Adaptar um curso a uma peça ou filme pode ser uma ótima maneira de envolver os alunos e tornar o material mais memorável. Aqui estão algumas dicas sobre como fazer isso:

Comece identificando os principais temas e conceitos do curso. Quais são as coisas mais importantes que você deseja que os alunos aprendam? Depois de identificar os temas principais, você pode começar a pensar em como dramatizá-los. Considere o formato da peça ou filme. Será uma peça tradicional, um filme ou outra coisa? O formato afetará a forma como você adapta o material. Por exemplo, um filme permitirá mostrar mais ação e detalhes visuais do que uma peça tradicional. Pense nos personagens. Quem são os personagens mais importantes do curso? Como você pode dar vida a eles na peça ou no filme? Os personagens devem ser relacionáveis e envolventes para o público.

Desenvolva o enredo. Como você estruturará a peça ou filme? O enredo deve ser emocionante e envolvente, mas também deve ser fiel ao material do curso. Escreva o diálogo. O diálogo é um dos aspectos mais importantes de qualquer peça ou filme. Deve ser natural e verossímil e deve ajudar a avançar a trama.

Dirija a peça ou filme. Depois de escrever o

roteiro, você precisa dirigir a peça ou filme. Isso envolve escalar atores, bloquear cenas e ensaiar a peça ou filme.

Adaptar um curso a uma peça ou filme pode dar muito trabalho, mas também pode ser muito divertido. Se você estiver disposto a se esforçar, poderá criar uma peça ou filme que envolva os alunos e torne o material mais memorável.

Aqui estão algumas dicas adicionais para adaptar um curso a uma peça ou filme:

Use a configuração para criar atmosfera e clima. O cenário de uma peça ou filme pode ajudar a criar uma certa atmosfera ou clima. Por exemplo, se você estiver adaptando um curso de terror, poderá ambientar a peça ou filme em uma casa escura e assustadora.

Use adereços e fantasias para criar interesse visual. Adereços e fantasias podem ajudar a dar vida aos personagens e ao cenário. Por exemplo, se você estiver adaptando um curso de história, poderá usar trajes de época para ajudar o público a sentir que voltou no tempo.

Use música e efeitos sonoros para realçar o drama. Música e efeitos sonoros podem ajudar a criar suspense, excitação ou outras emoções. Por exemplo, se você estiver adaptando um curso de ação, poderá usar efeitos sonoros altos para criar uma sensação de entusiasmo.

Espero que essas dicas ajudem você a adaptar seu curso a uma peça ou filme.

CURSO 7

MARKETING E PROMOÇÃO

Parabéns por terminar seu livro! Comercializar seu livro pode ser uma tarefa difícil, mas é importante lembrar que você não está sozinho. Existem muitos recursos disponíveis para ajudá-lo a promover seu livro e, com um pouco de planejamento e esforço, você pode atingir seu público-alvo e vender seu livro.

Aqui estão alguns dos meus melhores conselhos para um novo autor que deseja divulgar seu livro:

Comece cedo. O melhor momento para começar a comercializar seu livro é antes mesmo de ele ser publicado. Isso lhe dará tempo para criar entusiasmo e entusiasmo sobre seu livro e para alcançar leitores em potencial.
Crie um plano de marketing forte. Seu

plano de marketing deve incluir uma mensagem clara sobre seu livro, um público-alvo e um cronograma para promoção. Você também deve identificar os melhores canais para atingir seu público-alvo.

Promova seu livro online. Há muitas

maneiras de promover seu livro online, como mídias sociais, marketing por e-mail e blogs convidados. Você também deve criar um site para o seu livro e certificar-se de que ele esteja otimizado para mecanismos de pesquisa.

Hospedar eventos. Organizar eventos é uma ótima maneira de se conectar com leitores em potencial e criar entusiasmo pelo seu livro. Você pode hospedar sessões de autógrafos, leituras ou palestras. Obtenha cobertura da mídia. Obter cobertura da mídia para seu livro pode ajudar a alcançar um público mais amplo. Você pode entrar em contato com jornalistas e blogueiros para ver se eles estariam interessados em escrever sobre o seu livro.

Peça ajuda à sua rede. Conte a seus amigos, familiares e

colegas sobre seu livro e peça-lhes que o ajudem a divulgá-lo. Eles podem compartilhar seu livro nas redes sociais, recomendá-lo aos amigos e comprar cópias do livro para si próprios.

Ser paciente. Comercializar seu livro exige tempo e

esforço. Não espere ver resultados durante a noite. Continue assim e, eventualmente, você começará a ver seu livro ganhar força.

Aqui estão algumas dicas adicionais que podem ser úteis:
Não existe uma resposta única para essa pergunta, pois a

melhor forma de lançar um livro varia dependendo do livro em si, dos objetivos do autor e do público-alvo. No entanto, existem algumas dicas gerais que podem ajudar os autores a lançar seus livros com sucesso.

MELHOR MANEIRA DE LANÇAR UM LIVRO?

Aqui estão algumas das melhores maneiras de lançar um livro:

Comece cedo. A melhor maneira de lançar um livro é começar a planejar com antecedência.

Isso lhe dará tempo para criar entusiasmo pelo livro, alcançar leitores em potencial e garantir a cobertura da mídia.
Crie um plano de marketing forte. Seu plano de marketing deve incluir uma mensagem clara sobre o livro, um público-alvo e um cronograma para

promoção. Você também deve identificar os melhores canais para atingir seu público-alvo.

Promova seu livro online. Há muitas maneiras de promover seu livro online, como mídias sociais, marketing por e-mail e blogs convidados. Você também deve criar um site para o seu livro e certificar-se de que ele esteja otimizado para mecanismos de pesquisa.

Hospedar eventos. Organizar eventos é uma ótima maneira de se conectar com leitores em potencial e criar entusiasmo pelo seu livro. Você

pode hospedar
sessões de
autógrafos, leituras
ou palestras.
Obtenha cobertura da
mídia. Obter
cobertura da mídia
para seu livro pode
ajudar a alcançar um
público mais amplo.
Você pode entrar em
contato com
jornalistas e
blogueiros para ver se

eles estariam
interessados em
escrever sobre o seu
livro.
Peça ajuda à sua
rede. Conte a seus
amigos, familiares e
colegas sobre seu
livro e peça-lhes que
o ajudem a divulgá-
lo. Eles podem
compartilhar seu
livro nas redes
sociais, recomendá-lo

aos amigos e comprar cópias do livro para si próprios.

Seguindo essas dicas, você pode aumentar suas chances de lançar seu livro com sucesso.

Aqui estão algumas dicas adicionais que podem ser úteis:

Crie um burburinho. Comece a gerar entusiasmo sobre o seu livro antes mesmo de ele ser lançado. Você pode fazer isso compartilhando trechos do livro, escrevendo posts sobre ele ou dando entrevistas.

Personalize sua promoção. Adapte seus esforços de marketing ao seu público-alvo. Em que eles estão interessados? Quais são seus pontos fracos? O que os fará querer ler seu livro? Ser consistente. Não promova seu livro apenas uma vez e depois esqueça-o.

Mantenha o ritmo compartilhando atualizações nas redes sociais, escrevendo postagens em blogs e dando entrevistas. Divirta-se! Lançar um livro dá muito trabalho, mas também deve ser divertido. Então relaxe, aproveite o processo e comemore o sucesso do seu livro.

Eu espero que isso ajude!

O QUE É UM TOUR DE LIVRO NACIONAL?

Um tour nacional do livro é uma série de eventos em que um autor viaja para diferentes cidades e vilas para promover seu livro. Esses eventos podem incluir sessões de autógrafos de livros, leituras, palestras e entrevistas. O objetivo de uma turnê nacional do livro é aumentar a divulgação do livro e gerar vendas.

As vendas especiais
são um tipo de
promoção
normalmente
oferecida por
livrarias ou outros
varejistas. Essas
vendas podem
assumir várias
formas, como
descontos, cupons ou
brindes. O objetivo
das vendas especiais
é atrair novos clientes

e incentivar os clientes existentes a comprar mais livros.

A principal diferença entre um tour nacional de livro e vendas especiais é que um tour nacional de livro é uma forma mais pessoal e interativa de promover um livro. Quando um autor viaja para uma cidade para fazer uma sessão de autógrafos, ele tem a oportunidade de conhecer e interagir com seus fãs. Isso pode ajudar a construir relacionamentos com os leitores e a criar uma sensação de entusiasmo em relação ao livro.

As vendas especiais, por outro lado, são uma forma mais impessoal de promover um livro. Eles não oferecem a mesma oportunidade para os autores se conectarem com os leitores. No entanto, as vendas especiais podem ser uma forma muito eficaz de gerar vendas, especialmente se forem bem promovidas.

Aqui está uma tabela que resume as principais diferenças entre as turnês nacionais de livros e as vendas especiais: Destaque National Book TourVendas Especiais

Objetivo Promover
um livro Gerar
vendas
Formato Série de
eventos em diferentes
cidadesDescontos,
cupons, brindes
Personalização
Pessoal e
interativoImpessoal
A eficácia depende
da popularidade do
autor e da qualidade
do livro Pode ser

muito eficaz se for bem promovido

Eu espero que isso ajude!

COMO ORGANIZAR UM EVENTO DE ASSINATURA DE LIVRO E COMO É DIFERENTE DE UM LANÇAMENTO DE LIVRO

Aqui estão algumas dicas sobre como organizar um evento de autógrafos:

Escolha um local. Você pode realizar a sessão de autógrafos do seu livro em uma livraria, biblioteca, cafeteria ou outro espaço público. Se você estiver realizando seu evento em uma livraria, precisará trabalhar com a loja para obter permissão e garantir um espaço.

Promova o evento. Informe as pessoas sobre o seu evento de autógrafos por meio de seu site, mídia social e lista de e-mail. Você também pode entrar em contato com os meios de comunicação locais para saber se eles estariam interessados em cobrir o evento. Tenha muitos livros em mãos. Certifique-se de ter livros suficientes para todos que desejam ter seus livros autografados. Você também pode vender livros no evento, por isso certifique-se de ter uma caixa registradora ou máquina de cartão de crédito em mãos. Prepare uma mesa e cadeiras para o autor autografar os livros. Você também pode querer ter uma mesa para as pessoas deixarem seus livros para serem autografados antes ou depois do evento. Tenha alguns materiais promocionais em mãos. Isso pode incluir marcadores, folhetos ou pôsteres sobre o seu livro. Você também pode distribuir cópias gratuitas de seu livro aos participantes.

Tenha um plano para controle de multidões. Se você espera uma grande multidão, precisará ter um plano para manter as pessoas em ordem. Isso pode incluir ter alguém na porta para verificar os ingressos ou ter um sistema de fila instalado.

Esteja preparado para responder perguntas sobre seu livro. As pessoas provavelmente terão dúvidas sobre o seu livro, então esteja preparado para respondê-las. Você também pode ter uma sessão de perguntas e respostas no final do evento.

Divirta-se! Os eventos de autógrafos devem ser divertidos tanto para o autor quanto para os participantes. Então relaxe, divirta-se e conheça pessoas novas.

Aqui estão algumas das principais diferenças entre um evento de autógrafos e um lançamento de livro:

Público: um evento de autógrafos normalmente é direcionado aos fãs do autor ou do livro, enquanto o lançamento de um livro é normalmente direcionado a um público mais amplo, como a mídia, profissionais da indústria e leitores em potencial. Conteúdo: um evento de autógrafos normalmente se concentra na autografação de livros pelo autor para os fãs, enquanto o lançamento de um livro pode incluir um discurso do autor, uma sessão de perguntas e respostas ou outras atividades. normalmente é promovido para os fãs e seguidores do autor, enquanto o lançamento de um livro é normalmente promovido para um público mais amplo.

Eu espero que isso ajude!

O QUE É UMA SESSÃO DE AUTÓGRAFA DE LIVRO?

Um autógrafo de livro é a assinatura de um autor em um livro. Muitas vezes é acompanhado por uma mensagem pessoal ou dedicatória. Os autógrafos de livros são frequentemente procurados por colecionadores, pois podem ser uma lembrança valiosa de um livro ou autor favorito.

Existem algumas maneiras diferentes de autografar um livro. Uma maneira é participar de um evento de autógrafos, onde o autor autografará livros para os fãs. Outra forma é entrar em contato diretamente com o autor e pedir que ele autografe um livro para você. Às vezes, você também pode encontrar livros autografados em livrarias ou online.

Ao autografar um livro, há algumas coisas que você deve ter em mente. Primeiro, certifique-se de ter um livro que o autor escreveu. Segundo, escolha uma página em branco do livro para assinar. Terceiro, respeite o tempo e o espaço do autor. Por fim, não se esqueça de agradecer ao autor pelo tempo e autógrafo.

Aqui estão algumas dicas para conseguir um livro autografado:

Traga o livro para o evento com antecedência, para não ter que esperar na fila.

Seja educado e respeitoso com o autor.
Peça uma mensagem pessoal ou dedicatória.
Agradeça ao autor pelo seu tempo.

Aqui estão algumas coisas que você deve evitar ao autografar um livro:

Não traga um livro
danificado ou sujo.
Não peça ao autor
para assinar um livro
que não escreveu.
Não peça ao autor
para assinar um livro
que já esteja
assinado.
Não seja agressivo ou
exigente.

COMO POSSO ANUNCIAR DE FORMA EFICAZ NA AMAZON.COM?

Há muitas maneiras de anunciar com eficácia na Amazon.com. Aqui estão alguns dos métodos mais eficazes:

Produtos patrocinados pela Amazon: este é um programa de publicidade pago por clique (PPC) que permite exibir seus produtos nas páginas de resultados de pesquisa da Amazon. Quando um comprador pesquisa um produto semelhante ao seu,

seu anúncio pode aparecer no topo da página de resultados de pesquisa. Anúncios gráficos de produtos da Amazon: são anúncios gráficos que aparecem nas páginas de detalhes do produto e nos resultados de pesquisa de produtos. Eles são uma boa forma de promover seus produtos para compradores que já estão interessados no que você tem a oferecer.

Anúncios de pesquisa de título da Amazon: são anúncios de texto que aparecem na parte superior das páginas de resultados de pesquisa da Amazon. Eles são uma boa maneira de promover seus produtos para compradores que procuram palavras-chave específicas. Anúncios de vídeo da Amazon: são anúncios em vídeo que aparecem no site e no aplicativo móvel da Amazon. Eles são uma boa maneira de promover seus produtos para

compradores que procuram conteúdo envolvente e informativo.
Amazon Display & Video Creative Studio: esta é uma ferramenta de autoatendimento que permite criar e gerenciar seus próprios anúncios da Amazon. É uma boa opção para empresas

que desejam ter mais controle sobre suas campanhas publicitárias.

Ao criar seus anúncios Amazon, é importante ter em mente o seguinte:

Direcione seus anúncios para o público certo: certifique-se de que seus anúncios sejam exibidos para pessoas que provavelmente estarão interessadas em seus produtos. Você pode fazer isso segmentando seus anúncios com base em palavras-chave, dados demográficos e interesses.

Use um texto do anúncio claro e conciso: o texto do

seu anúncio deve ser
claro e conciso e
destacar os benefícios
de seus produtos.
Use imagens e vídeos
de alta qualidade:
suas imagens e vídeos
devem ser de alta
qualidade e
relevantes para seus
produtos.
Acompanhe seus
resultados: é
importante

acompanhar os resultados de seus anúncios na Amazon para que você possa ver o que está funcionando e o que não está. Isso o ajudará a otimizar suas campanhas e aproveitar ao máximo seu orçamento de publicidade.

Seguindo essas dicas, você pode anunciar com eficácia na Amazon.com e atingir seu público-alvo.

USANDO TRADUÇÕES COMO FERRAMENTAS DE MARKETING

Há muitas vantagens em traduzir seus livros para outros

idiomas. Aqui estão alguns deles:

Alcance um público mais amplo: traduzir seus livros para outros idiomas permite que você alcance um público mais amplo de leitores em potencial. Isso pode levar ao aumento de vendas e royalties.

Aumente sua visibilidade: quando seus livros forem traduzidos para outros idiomas, eles ficarão mais visíveis para leitores de todo o mundo. Isso pode ajudá-lo a construir sua marca de autor e atrair novos leitores. Expanda o seu mercado: Traduzir os seus livros para outros idiomas pode ajudá-lo a expandir o seu mercado e a alcançar novos canais de vendas. Por exemplo, você pode vender seus livros traduzidos por meio de varejistas internacionais ou de clubes do livro de língua estrangeira. Ganhe exposição a novas culturas:

Traduzir seus livros
para outros idiomas
pode ajudá-lo a
ganhar exposição a
novas culturas. Esta
pode ser uma
experiência valiosa
para você como autor
e também pode
ajudá-lo a se conectar
com leitores de
outras culturas.
Promova seus livros:
Traduzir seus livros

para outros idiomas pode ajudá-lo a promovê-los em novos mercados. Você pode fazer isso participando de feiras e festivais do livro, dando entrevistas à mídia estrangeira e promovendo seus livros nas redes sociais e outros canais online.

Se você está pensando em traduzir seus livros para outros idiomas, há algumas coisas que você deve ter em mente. Primeiro, você precisa ter certeza de que seus livros estão bem escritos e de alta qualidade. Você também precisa encontrar uma agência de tradução confiável que possa traduzir seus livros com precisão e profissionalismo.

Traduzir seus livros para outros idiomas pode ser uma ótima maneira de atingir um público mais amplo, aumentar sua visibilidade e expandir seu mercado. Se você leva a sério sua carreira de escritor, é algo a considerar.

CONCORRENTES/ALTERNATIVAS DA AMAZÔNIA

Aqui estão 10 editores independentes alternativos à Amazon:

Barnes & Noble
Press: É uma editora
tradicional que
oferece uma ampla
gama de serviços,
incluindo edição,
marketing e
distribuição.

CreateSpace : É
uma plataforma de
autopublicação que
permite aos autores
publicar e vender

seus livros através da
Amazon.

IngramSpark : É
uma editora de
impressão sob
demanda (POD) que
permite aos autores
publicar e vender
seus livros por meio
de diversos varejistas,
incluindo a Amazon.
Lulu: É uma editora
POD que permite aos
autores publicar e

vender seus livros em diversos formatos, incluindo impressos, e-books e audiolivros.
Pear Press: É uma editora tradicional que tem como foco a publicação de livros infantis e jovens.
Prometheus Books: É uma editora sem fins lucrativos que publica livros sobre diversos tópicos, incluindo

ciência, filosofia e política.

Distribuição de Pequenas Imprensas: É uma distribuidora que trabalha com editoras independentes para levar seus livros às livrarias e bibliotecas.

Smashwords : é uma editora POD que permite aos autores publicar e vender

seus e-books por meio de vários varejistas, incluindo a Amazon.
Unbound Books: É uma editora com financiamento coletivo que permite aos autores arrecadar dinheiro para publicar seus livros.
WordPress : É um sistema de gerenciamento de

conteúdo que permite aos autores criar e publicar seus próprios sites.

Estas são apenas algumas das muitas editoras independentes disponíveis. Ao escolher um editor, é importante considerar suas necessidades e objetivos. Você quer trabalhar com uma editora tradicional que ofereça mais serviços ou quer publicar por conta própria e ter mais controle sobre o processo? Você deseja publicar em formato impresso ou e-books? Depois de considerar suas necessidades, você pode começar a pesquisar editores para encontrar o que melhor se adapta a você.

COMO POSSO ANUNCIAR EFICAZMENTE NA AMAZON.COM?

Há muitas maneiras de anunciar com eficácia na

Amazon.com. Aqui estão alguns dos métodos mais eficazes:

Produtos patrocinados pela Amazon: este é um programa de publicidade pago por clique (PPC) que permite exibir seus produtos nas páginas de resultados de

pesquisa da Amazon.
Quando um
comprador pesquisa
um produto
semelhante ao seu,
seu anúncio pode
aparecer no topo da
página de resultados
de pesquisa.
Anúncios gráficos de
produtos da Amazon:
são anúncios gráficos
que aparecem nas
páginas de detalhes

do produto e nos resultados de pesquisa de produtos. Eles são uma boa forma de promover seus produtos para compradores que já estão interessados no que você tem a oferecer.

Anúncios de pesquisa de título da Amazon: são anúncios de texto que aparecem na parte superior das páginas de resultados de pesquisa da Amazon. Eles são uma boa maneira de promover seus produtos para compradores que procuram palavras-chave específicas. Anúncios de vídeo da Amazon: são anúncios em vídeo que aparecem no site

e no aplicativo móvel
da Amazon. Eles são
uma boa maneira de
promover seus
produtos para
compradores que
procuram conteúdo
envolvente e
informativo.
Amazon Display &
Video Creative
Studio: esta é uma
ferramenta de
autoatendimento que

permite criar e gerenciar seus próprios anúncios da Amazon. É uma boa opção para empresas que desejam ter mais controle sobre suas campanhas publicitárias.

Ao criar seus anúncios Amazon, é importante ter em mente o seguinte:

Direcione seus anúncios para o público certo: certifique-se de que seus anúncios sejam exibidos para pessoas que provavelmente estarão interessadas em seus produtos. Você pode fazer isso segmentando seus anúncios com base em palavras-chave, dados demográficos e interesses.

Use um texto do anúncio claro e conciso: o texto do seu anúncio deve ser claro e conciso e destacar os benefícios de seus produtos.

Use imagens e vídeos de alta qualidade: suas imagens e vídeos devem ser de alta qualidade e

relevantes para seus produtos.
Acompanhe seus resultados: é importante acompanhar os resultados de seus anúncios na Amazon para que você possa ver o que está funcionando e o que não está. Isso o ajudará a otimizar suas campanhas e

aproveitar ao máximo seu orçamento de publicidade.

Seguindo essas dicas, você pode anunciar com eficácia na Amazon.com e atingir seu público-alvo.

QUAIS SÃO AS VANTAGENS E DESVANTAGENS DE SERIALIZAR UM LIVRO?

Existem vantagens e desvantagens em serializar um livro.

Vantagens:

Cria antecipação: serializar um livro

pode ajudar a criar antecipação para o produto final. Isso ocorre porque os leitores estarão aguardando ansiosamente pelo próximo capítulo, o que pode ajudar a criar uma sensação de entusiasmo e suspense.

Aumenta o envolvimento:

serializar um livro também pode ajudar a aumentar o envolvimento com os leitores. Isso ocorre porque os leitores estarão mais propensos a voltar ao livro se souberem que há mais conteúdo por vir.

Permite feedback: serializar um livro também pode

permitir feedback dos leitores. Isso ocorre porque os leitores podem compartilhar seus pensamentos e opiniões sobre o livro à medida que ele é lançado, o que pode ajudar o autor a aprimorá-lo.

Desvantagens:

Escrever uma série pode ser algo difícil de acompanhar. Pode ser difícil acompanhar a serialização de um livro, especialmente se o livro for longo ou complexo. Isso ocorre porque os leitores esperam novos conteúdos regularmente e o autor precisará ser capaz de atender a essa expectativa.

Pode ser difícil de comercializar: Serializar um livro pode ser difícil de comercializar, especialmente se o livro não for muito conhecido. Isso ocorre porque os leitores podem não estar cientes de que o livro está sendo

serializado e podem
não estar
interessados em
começar um livro que
sabem que não
conseguirão terminar
imediatamente.

Pode ser difícil de
terminar: A
serialização de um
livro pode ser difícil
de terminar,
especialmente se o
autor perder o

interesse no projeto ou se encontrar obstáculos criativos. Isso porque o autor precisará conseguir acompanhar o projeto até que ele seja finalizado, mesmo que demore muito.

Em última análise, a decisão de serializar ou não um livro é pessoal. Há vantagens e desvantagens a serem consideradas, e a melhor opção para você dependerá de suas necessidades e objetivos específicos.

Aqui estão algumas coisas adicionais a serem consideradas ao decidir se deve ou não serializar um livro:

O gênero do livro: Alguns gêneros são mais adequados para serialização do que outros. Por exemplo, a ficção serializada pode ser uma ótima maneira de criar expectativa e suspense, enquanto a não-ficção serializada pode ser uma ótima maneira de fornecer aos leitores atualizações regulares sobre um determinado tópico. Seu público-alvo: Seu público-alvo também desempenhará um papel na decisão de serializar ou não seu livro. Se o seu público-alvo é formado por pessoas acostumadas a consumir conteúdo em formato serializado, serializar seu livro pode ser uma boa opção. No entanto, se o seu público-alvo não está acostumado a consumir conteúdo em formato serializado, serializar seu livro pode não ser a melhor opção.

Suas próprias preferências: Em última análise, a decisão de serializar ou não um livro é pessoal. Se você se sente confortável com a ideia de serializar seu livro e acha que é a melhor maneira de atingir seu público-alvo, vá em frente. Porém, se você não se sente confortável com a ideia de serializar seu livro ou acha que não é a melhor forma de atingir seu público-alvo, não faça isso.

OUTROS LIVROS DO MESMO AUTOR

ESPÍRITOS FARMILIARES.

3. A MANEIRA MAIS RÁPIDA DE DISCIPULAR PESSOAS.

4. Como lidar impiedosamente com o espírito de ascensão e queda

5.   O QUE DEUS PERGUNTARÁ AOS PASTORES NO DIA DO JULGAMENTO?

6.   OS MAIORES ERROS QUE OS JOVENS DE HOJE COMETEM

7.   AS MAIORES ARMAS QUE JESUS NOS DEU

8.   COMO CAPACITAR SEUS FILHOS.

9.   Como lidar implacavelment e com a estupidez

repentina em
sua esposa.

10. POR QUE
EXCLUI O
CHATGPT DO
MEU
TELEFONE.

11. Como lidar
implacavelment
e com os males
que atacam à
noite

PREPARA AS PESSOAS PARA A EXPLORAÇÃO.

15.   COMO SABER SE UMA MENINA É DONA DE CASA MATERIAL

SOBRE O AUTOR

Ao longo dos anos, o Ministério Novas Dimensões tem ensinado Inteligência Financeira aos seus alunos. A razão é que o Ministério tem apenas 3 pernas, nomeadamente; Integridade, Unção e Evangelismo.